KB200232

《두란노 양육 사역자 일대일 나눔 핸드북》을 펴내며…

"일대일은 교회에 주신 하나님의 축복이요 선물입니다. 이것 때문에 교회가 성장했고, 이것 때문에 우리의 믿음이 깊어졌고, 이것 때문에 우리의 비전이 생긴 것 아니겠습니까?

그래서 여러분은 이 비전에 동참하고 축복을 나누기 위해서, 그리고 여러분 자신의 믿음을 성장시키기 위해 이 자리에 있습니다. 일대일의 축복은 배우는 사람의 축복일 뿐만 아니라 가르치는 사람의 축복입니다. 내가 가르치면서 나 자신이 성숙해지고, 나 자신이 깊어지고, 나 자신의 눈에 눈물이 고이는 것입니다. 나는 여러분이 평생 일대일 헌신자가 되길 축원합니다."

- 하용조 목사의 영상 메시지 중에서

주 안에서 사랑하는 일대일 동역자 여러분!

일대일은 성경 공부가 아니라 삶의 나눔입니다. 일대일을 하면서 양육자들이 무엇을 어떻게 나누어야 할지 몰라 어려워하는 모습을 보며 안타까웠습니다. 이는 잘 정리되고 통일된 나눔 교안이 없었기 때문입니다.

그래서 그동안 많은 양육 경험이 있는 평신도 사역자들의 노하우를 모아 각 과별로 나눔과 생활 숙제, 참고 사항 등으로 양육에 도움을 드리고자 《두란노 양육 사역자 일대일 나눔 핸드북》을 만들게 되었습니다.

이 책이 삶의 나눔을 깊게 하고 양육의 결실을 풍성하게 하는 데 도움이 되길 바랍니다. 그리하여 세상을 향하여 마음껏 날아올라 Acts 29 비전을 함께 성취하는 멋진 양육 사역자님들이 되시기를 바랍니다.

하나님의 축복이 동역자 여러분과 함께하길 축원합니다.

- 두란노 편집부

contents

일대일 나눔 핸드북

양육 사역자의 기본 예절

01 양육자는 동반자보다 10분 일찍 도착하여 기도하며 준비한다.
02 양육자는 밝은 웃음을 띤 얼굴로 동반자를 반갑게 맞이한다.
03 양육자가 먼저 차(음료)를 대접하면서 잠시 담소를 나눈다.
04 동반자의 나이가 어리더라도 경어를 사용한다.
05 일대일을 시작할 때 양육자는 동반자를 축복하며 기도한다.
06 일대일을 마친 후 동반자가 받은 은혜에 감사하며 기도한다.
07 일대일을 마치면 문밖까지 나가 웃는 얼굴로 악수하고 환송한다.
08 주 1회 이상 전화, 문자, 메일로 안부와 기도 제목을 묻는다.
09 일대일 양육 도중에 자기 교회를 절대로 자랑하지 않는다.

일대일 십계명

01 이성(남녀)간 일대일을 금한다.
02 단체 양육(1 대 2 이상)을 금한다.
03 나의 제자가 아닌 주님의 제자를 만든다.
04 기도로 준비하여 기도로 양육한다.
05 말씀을 중심으로 서로의 삶을 나눈다.
06 말하기는 더디 하고 듣기는 속히 한다.
07 말로 가르치지 말고 행동으로 본을 보인다.
08 영적 손자를 보도록 끝까지 동반자를 돌본다.
09 동반자에게 물질적, 정신적 부담을 주지 않는다.
10 일대일 교재에 충실하고, 반드시 과제를 점검한다.

대외 협력 행정 양식 안내

01 **안녕하세요**

그리스도 안에서 일대일 양육으로 처음 만난 동반자의 참모습을 알고 기도하며 돕기 위해 마련된 것이다. 첫 번째 만남 시간에 양육자와 동반자의 인적 사항, 따뜻하고 행복했던 시절, 춥고 어려웠던 시절, 인생의 비전, 기도 제목 등을 서로 나눈다. 동반자의 사적인 내용이나 비밀은 절대 누설하지 않도록 한다.

02 **과제 점검표**

일대일이 진행되는 동안 과제(다섯 가지 항목)를 동반자가 자율적으로 점검하도록 마련된 양식으로 동반자 과정이 끝날 때 간증문과 함께 양육자에게 제출해야 한다.

03 **일대일 간증문 양식**

(1) 일대일을 받기 전 나의 영적 상태와 주변 환경
(2) 일대일을 통해 새롭게 배우거나 도전받은 내용
(3) 일대일을 하는 기간에 나의 삶에서 일어난 변화와 기적

04 **일대일 결과 보고서**

일대일 동반자 과정이 끝나면 양육자가 작성하는 양식으로, 양육 시작일과 마친 날짜, 양육자와 동반자의 인적 사항 등이 기록된다. 동반자의 과제 점검표와 간증문과 함께 일대일사역팀에 제출해야 한다.

양육 사역자가 암송해야 할 일대일 제자양육 관련 성구

⋯→ "그리스도 안에서 일만 스승이 있으되 아버지는 많지 아니하니 그리스도 예수 안에서 내가 복음으로써 너희를 낳았음이라"(고전 4:15).

⋯→ "우리가 그를 전파하여 각 사람을 권하고 모든 지혜로 각 사람을 가르침은 각 사람을 그리스도 안에서 완전한 자로 세우려 함이니 이를 위하여 나도 내 속에서 능력으로 역사하시는 이의 역사를 따라 힘을 다하여 수고하노라"(골 1:28-29).

⋯→ "또 네가 많은 증인 앞에서 내게 들은 바를 충성된 사람들에게 부탁하라 그들이 또 다른 사람들을 가르칠 수 있으리라"(딤후 2:2).

일대일 키 그림 설명

그리스도인이 되기 전 사람의 마음 중심에는 자아가 자리하고 있습니다. 자아가 마음의 중심을 차지할 때는 자기 뜻대로, 자기가 원하는 대로, 자기가 삶의 주체가 되어 이끌어 가는 자기중심적인 삶을 살게 됩니다. 그러나 예수님을 소개받아 예수님이 누구신지, 무슨 일을 하셨는지, 그 하신 일과 내가 무슨 관계가 있는지 등을 배우고 마음으로 믿어 영접하면 그리스도인이 됩니다. 그러면 마음 중심에 그리스도가 계시게 됩니다. 이 삶은 그리스도의 뜻대로, 그리스도의 소망대로, 그리스도가 이끌어 가시는, 그리스도 중심의 삶인 것입니다. 이제부터 그리스도 중심의 삶이 어떤 것인가에 대해 같이 공부할 것입니다.

구원의 확신   우리가 그리스도를 영접하여 하나님의 자녀가 되고, 죄 사함을 받고 영생을 누리는 구원의 확신에 대해 여러 가지 (다양한) 질문을 통하여, 또 말씀에 근거하여 확인하고 확신하는 것을 배우게 될 것입니다.

하나님의 속성 우리의 삶 속에 계시는 하나님을 알기 위해서는 하나님의 속성(성품)을 알아야 합니다. 이를 위해 성경에 나타난 하나님에 대한 객관적인 지식을 공부하게 될 것입니다. 이 하나님의 성품을 잘 알게 되면 우리의 신앙은 더욱 확고해질 것입니다.

그리스도, 구원의 확신, 하나님의 속성 이 세 가지는 우리의 바뀐 본질과 정체성에 관한 것으로 믿음의 핵심입니다.

우리가 그리스도를 중심에 모시고 우리의 삶이 그리스도 중심의 삶이 되기 위해서는 다음의 내용을 알아야 합니다.

성경 하나님은 성경을 통하여 우리에게 말씀하고 계십니다. 그러므로 우리는 성경을 통하여 하나님을 알 수 있습니다. 또한 성경은 그리스도인 생활의 기본적인 지침서이기도 합니다. 이 과에서는 성경 말씀을 우리 것으로 만들게 해 주는 다섯 가지 방법에 대해서 공부할 것입니다.

기도 하나님은 성경을 통해서 우리에게 말씀하시고, 우리는 기도를 통해서 하나님과 대화할 수 있습니다. 또한 기도를 통해서 하나님의 능력을 체험할 수 있습니다. 이 과에서는 기도는 누구에게 하는 것인가, 누가 할 수 있는가, 기도의 내용에 대해서 배우게 됩니다.

교제 교제는 만나서 사귀고 관계를 맺는 것입니다. 교제에는 하나님과의 교제와 성도 간의 교제가 있습니다. 하나님과의 교제는 예배를 통한 교제로, 이 부분에서는 참 예배는 어떻게 드리는지, 예배자의 자세는 어떠해야 하는지, 예배의 요소는 무엇인지를 배웁니다. 성도 간의 교제 부분에서는 주님 안에서 서로 돌아보고 격려하고 덕을 세워 주는 교제는 어떻게 해야 하는지를 배우게 됩니다.

전도 전도는 주님이 주신 사명이기도 합니다. 전도란 불신자들에게 주님을 전하여 그들도 하나님과 인격적인 관계를 맺도록 하는 것입니다. 전도의 필요성, 전도할 때 우리의 자세, 효과적인 전도 전략 등을 배우게 됩니다.

성령 충만 우리의 힘으로는 그리스도 중심의 삶을 살 수 없습니다. 성령의 인도하심이 꼭 필요합니다. 지금까지 공부한 그리스도가 다스리시는 삶의 네 가지 영역(말씀, 기도, 교제, 전도)에서 성장하기 위해서는 성령 충만을 받아야 합니다. 성령 충만이 무엇인지, 왜 성령 충만을 받아야 하는지, 어떻게 성령 충만을 받을 수 있는지, 성령 충만을 받은 결과는 무엇인지 등을 배울 것입니다.

시험 사람은 누구나 이 세상을 살아가면서 시험을 받습니다. 성령 충만한 그리스도인도 예외는 아닙니다. 그러나 하나님은 우리의 승리를 약속하셨습니다. 이 과에서는 사탄의 유혹에 의한 시험을 다루는데, 사탄이 어떤 경로를 통해 우리를 공격하는지, 우리가 어떻게 대처해야 하는지에 대해 공부하게 될 것입니다.

순종 많은 가르침에 우리는 순종으로 나아가야 합니다. 많은 가르침을 배우고 알았다면 우리는 순종함으로 삶 가운데서 그 가르침들을 이루어 가야 합니다. 이 부분에서는 순종의 의미, 대상, 영역, 자세 등을 공부할 것입니다.

사역 순종의 결과로 하나님은 우리를 하나님의 동역자로 세워 주시고 새로운 사역으로 인도해 주십니다. 평신도 사역자가 되기 위해서 성경적인 교회관, 평신도관, 은사관, 훈련관, 세계관을 배우게 됩니다.

이러한 내용들로 우리의 삶이 채워지면 우리는 그리스도가 다스리시는 삶을 살게 됩니다. 일대일 키 그림은 항해사가 배의 항로를 따라 목적지까지 배를 운항해 갈 수 있게 하는 키를 응용한 것입니다. 이처럼 우리 삶의 모든 부분도 주님께 맡기면 그분이 그분의 뜻대로, 그분이 소망하시는 대로 우리 삶의 방향을 움직이셔서 그분이 원하시는 곳까지 인도해 주실 것입니다. 자, 이제 일대일 과정을 시작해 봅시다.

만남 : 예수 그리스도

예수는 어떤 분입니까?

| 양육 목표 |

1 예수님의 정체성(인성과 신성)에 대해서 성경을 근거로 "아멘"으로 고백한다.
2 매일의 삶 속에서 예수님을 경험하고 오직 믿음으로 사는 법을 배운다.

나눔 지금까지 당신은 예수를 어떤 분이라고 생각했는가?
(동반자의 상태 확인을 위해 예수에 대해 아는 것을 모두 적어 보게 한다.)

01 예수의 국적, 출생지 및 성장지를 각각 찾아보십시오.
   나눔 고향, 성장지, 가족 사항 등을 서로 나눈다.
   참고 이스라엘 지도를 그리고 주요 지역을 표시해 본다.

02 예수의 어린 시절은 어떠했습니까?
   나눔 동반자의 성장 배경을 나눈다. (시간에 관계없이 끝까지 들어준다.)

03 다음 성경에서 예수가 어떻게 묘사되었는지 살펴보십시오.
   나눔 이러한 예수의 모습에서 무엇을 느낄 수 있는가?
      특히 과거의 추웠던 시절을 서로 나눈다. (구체적인 사례를 들어 이야기한다)

04 히브리서 4장 15절을 읽어 보십시오.

05 요한복음 10장 30절에서 예수는 자신을 어떻게 묘사했습니까?

06 어떻게 생각하면 좀 건방진, 나아가서는 독선적인 것 같은 발언입니다. 이와 같은 발언을 다른 곳에서도 찾아볼 수 있습니다.

> ^{나눔} 나 자신을 한마디로 표현한다면? (서로 나눈다.)

07 예수의 곁에서 그를 본 사람들은 그를 누구라고 생각했습니까?

> ^{나눔} 배우자, 자녀, 친구, 친지, 주위 사람들이 나를 표현한다면?
>
> (목적: 타인이 나를 진정한 그리스도인으로 보는가?)

08 "너희는 나를 누구라고 생각하느냐?" 이 질문을 지금 당신에게 한다면 어떻게 대답하겠습니까?

> ^{적용} 동반자의 대답과 첫 나눔에서의 예수님에 대한 기록을 비교해 본다.
>
> * 올바른 대답이면: 칭찬과 격려를 아끼지 않는다.
> * 분명하지 않으면: 예수님의 인간 되심(인성)과 하나님 되심(신성)을 재확인한다.

예수님은 참 사람이며 참 하나님이시다.

예수는 어떤 일을 했습니까?

| 양육 목표 |

1 예수님의 사역과 생애에 대해서 깊은 의미를 묵상한다.
2 예수님의 십자가를 경험하고 십자가 지는 법을 배운다.

나눔 지금까지 당신은 예수가 어떤 일을 한 분이라고 생각하고 있었는가?
   1) 예수님이 하신 일에 대해 아는 것을 모두 말하게 한다. (상태 확인)
   2) 지금까지 살아오면서 한 일과 삶의 여정을 서로 나눈다.

01 마태복음 11장 2-6절을 읽으십시오.
   나눔 병들어 있는 내 상태의 영적 의미는? (예: 맹인, 못 걷는 사람, 못 듣는 자, 죽은 자 등)

02 예수의 제자였던 마태는 예수의 사역을 어떻게 묘사했습니까?
   나눔 현재 어떤 사역을 하고 있으며, 앞으로 어떤 사역을 하고 싶은지 나눈다.
   (필요시 사역 및 교회 내·외 봉사 소개)

03 예수는 생애 중에 어떤 사람들과 함께 지냈습니까?
   나눔 • 나는 누구와 어떤 부류의 사람들과 시간을 많이 보내고 있는가?
       • 어려운 사람들을 돕고 섬긴 일과 그때의 감동이 있으면 나눈다.

04 이와 같은 생애를 보낸 예수에 대해 당신은 무엇을 느낄 수 있습니까?
   그의 생애의 어떤 면이 당신에게 감명을 줍니까?
   나눔 나는 남에게 어떤 감명을 주고 있는가? 내 생의 목표는 무엇인가?

05 아름답고도 위대한 생애를 보낸 예수는 마지막으로 어떠한 죽음을 맞이했습니까?
참고 십자가 처형의 의미는 '양육자 지침서' 참조

06 예수의 죽음은 그 당시 여느 정치범의 죽음과 별로 다를 것이 없었습니다. 그의 죽음의
의미를 요약해 보십시오.
나눔 하나님의 희생적인 사랑(롬 5:8)이 어떻게, 얼마나 마음에 와닿는가?
생활 숙제 나는 무엇으로 하나님을 사랑한다는 확증을 보일 것인가?

07 성경은 예수가 십자가 형벌을 받고 죽어야만 했던 것은 '죄악' 때문이라고 합니다. 죄란
무엇입니까? 당신의 생각을 적어 보십시오.
나눔 죄란 무엇인가? 동반자의 의견을 들어 본다. (죄에 대한 이해 정도 확인)

08 성경은 죄의 기원과 결과를 무엇이라고 말합니까?
참고 7, 8번 질문에서 '양육자 지침서' 필히 참조.
나눔 세상의 유혹에 빠져 죄를 지은 구체적인 경험과 그 결과를 나눈다.

09 예수가 십자가에서 피 흘려 죽으심으로 사람들의 죄 문제를 해결했습니다. 이 죄에 당신
의 죄도 포함된다고 생각합니까?
나눔 내가 해결하기 힘든 개인적인 문제를 누군가 대신 해결해 준 사건과 경험을 나눈
다. (그때의 기쁨과 감격을 나눔으로써 죄 문제가 해결된 감격을 회상한다.)

10 예수의 죽음은 개인의 죄뿐 아니라 현재 사회가 안고 있는 문제도 해결할 가능성을 보여
줍니다. 십자가가 해결할 수 있는 문제들을 구체적으로 생각해 보십시오.
나눔 나의 삶과 관계 속에서 회복해야 할 것은 무엇인가?
(양육자가 먼저 마음을 열고 나눈다.)
적용 예수님은 십자가에서 "다 이루었다" 말씀하시고 돌아가셨다. 나의 삶을 통해서 예
수님이 이루기 원하시는 것은 무엇인가?

예수님의 공생애 사역과 십자가의 대속

예수는 지금 무엇을 하고 있습니까?

| 양육 목표 |

1 부활 신앙이 실제 생활 속에서 기쁨과 능력의 원천임을 확인한다.
2 지금 살아서 다스리고 역사하시는 예수님의 실체를 경험한다.

_{나눔} 당신은 예수가 지금 어디서 무엇을 하고 있다고 생각하는가?

| 성구 암송 |

"내가 그리스도와 함께 (   )에 못 박혔나니 그런즉 이제는 내가 사는 것이 아니요 오직 내 안에 (   )께서 사시는 것이라 이제 내가 (   ) 가운데 사는 것은 나를 사랑하사 나를 위하여 자기 (   )을 버리신 하나님의 아들을 믿는 (   ) 안에서 사는 것이라"(갈 2:20).

"나는 (   )요 너희는 (   )라 그가 내 안에, 내가 그 안에 거하면 사람이 (   )를 많이 맺나니 나를 떠나서는 너희가 아무것도 할 수 없음이라"(요 15:5).

01 예수는 자기가 죽은 후에 어떤 일이 일어날 것이라고 말했습니까?
_{나눔} • 육신의 병이나 생활의 고난으로 죽다가 살아난 경험이 있으면 나눈다.
  • 하나님을 완전히 잊어버리고 생활하다가 회복한 경험이 있으면 나눈다.
    (새로운 생명, 새로운 삶의 전환과 연계하여 부활의 의미를 부각시킨다.)

02 성경은 예수가 자신이 예언했던 대로 다시 살아났다고 전하고 있습니다. 부활한 예수를 어떤 사람들이 보았습니까?

^{나눔} 나는 부활하신 주님을 만난 체험이 있는가(환상, 음성, 계시의 말씀 등)? 또한 부활하신 주님을 사람들에게 어떻게 증거하고 있는가? (말씀을 통해 실체를 보는 믿음의 중요성을 부각시킨다.)

03 부활 후 예수는 제자들에게 자신이 어떤 존재라고 선언했으며, 사도 바울은 부활한 예수가 어떤 분이라고 선언했습니까?

^{나눔} 부활하신 예수님이 하늘과 땅의 모든 권세를 가지고 있다는 사실은 무엇을 의미하는가? 나는 이 땅에 살면서 예수님의 권세를 날마다 실감하며 살고 있는가? (권세 있는 분에게 부탁하여 해결한 일을 통해 권세의 영향력에 대해 나눈다.)

04 사도행전 1장 9-11절을 읽으십시오. 부활 후 예수는 어디로 갔습니까?

05 에베소서 1장 20-23절을 읽으십시오.

(1) 예수는 현재 어떤 자리에 있습니까(20절)?

^{나눔} 내 삶 속에서 나는 누구의 오른편인가? 또 나의 오른편에 누가 있는가?
내 오른편에 예수님이 계시는 것을 항상 느끼며 살려면 어떻게 해야 할까?

(2) 예수는 현재 어떤 것보다 뛰어난 분입니까(21절)?

^{나눔} 어떤 일로 인하여 높임을 받은 적이 있는가? (그때의 감정을 나눈다.)

(3) 하나님의 오른편에 앉으신 예수에 대한 사실 두 가지는 무엇입니까(22절)?

^{나눔} 예수님이 만물을 다스리시고 교회의 머리가 되신다는 것은 나의 삶과 어떤 관계가 있는가? (주님이 나의 삶을 다스리신 구체적인 경험을 나눈다.)

06 예수가 다시 살아나서 하늘에 올라간 후 제자들이 예수에 대해 가장 강조한 것은 무엇입니까?

^{나눔} • 당신은 사람들에게 예수님에 대해 무엇을 가장 강조하여 이야기하고 있는가?
(충격적인 사건은 누구에게나 말하게 되어 있다. 충격적인 부활 사건을 부각시킨다.)
• 이번 주에 가장 충격적인 사건은 무엇이었는가?

07 예수의 부활을 믿는 신앙은 실제 생활에 어떤 영향을 줄 수 있습니까?

　　나눔 당신은 부활의 감격을 지금도 누리며 전하고 있는가? 그렇다면 부활 신앙은 실생
　　　　활에서 구체적으로 어떠한 형태로 나타나게 되겠는가?

08 고린도전서 15장 14-19절을 읽으십시오. 예수의 부활이 역사적인 사실이 아니라면, 현
　　재 예수를 믿는 사람들에게 어떤 문제가 생깁니까?

09 예수의 부활을 믿지 못하면서도 예수를 높이 평가할 수 있습니다. 그러나 그 평가는 완
　　전할 수 없습니다. 당신은 이제 예수의 부활에 대해서 어떻게 생각합니까?

　　적용 부활 신앙이 실제 생활 속에서 기쁨과 능력의 원천이 되고 새로운 삶의 원동력이
　　　　되기 위해서 내가 할 일은 무엇인가?.

 예수님의 부활과 부활 신앙의 능력

예수를 믿으십시오

| 양육 목표 |

1 믿음의 실체를 구체적으로 알고 순간순간 믿음으로 살아간다.
2 믿음으로 나타나는 예수의 능력과 권세를 삶 속에서 체험한다.

나눔 **현실 생활 속에서 예수의 능력을 체험하고 그의 권세를 실감하려면 어떻게 해야 할까? (무엇이 나에게 문제인지 눈을 감고 생각해 본다.)**

01 요한복음 3장 16절을 읽으십시오.

(1) 하나님이 사랑하신 세상은 무엇을 가리키며 어떤 영역을 포함합니까?

강조 구원의 주체, 대상, 동기, 방법, 결과를 완전히 숙지하도록 한다.

적용 내가 관심을 갖지 않은 영역이나 만나기 싫은 사람을 생각해 보고 이름을 말한다. 지금 그것을 위해, 그 사람을 위해 잠깐 기도한다.

＊ 신문이나 TV를 보면서 사건이나 사람들을 비판하고 욕하지 않는가? 오히려 기도 제목으로 삼는 습관을 가져 보자. (오늘 뉴스를 가지고 함께 기도한다.)

(2) 하나님은 세상을 사랑하시기 때문에 독생자인 예수 그리스도를 우리에게 주셨습니다. 그가 이 세상을 위해 하신 일은 무엇입니까? (두 번째 만남과 세 번째 만남을 복습한다.)

적용 동반자가 배운 예수 그리스도에 대한 지식을 말하게 한다.

(3) 당신은 어떻게 해야 영생을 얻을 수 있습니까?
(여기에서 영생이란 하나님을 알고 그분과 함께하는 삶을 말합니다.)

02 예수를 믿는다는 것은 구체적으로 어떤 행동을 의미 혹은 포함합니까?
   적용 동반자에게 다음 사항을 질문하고 즉시 확인한다.
      1) 예수님을 나의 구주로 영접하고 입으로 시인했는가?
      2) 죄 사함을 받고 물 세례와 성령 세례를 받았는가?
      * 물 세례와 성령 세례를 설명하도록 준비한다.

03 예수를 믿으면 개인에게 어떤 변화가 일어납니까?
   나눔 영생을 얻은 것, 심판을 받지 않는 것, 사망에서 생명으로 옮긴 것 이 세 가지 변화
      를 어떻게 알 수 있는가? (예수 믿고 변한 것이 있으면 구체적으로 나눈다.)

04 한 사람이 예수를 믿으면 그 주위에 어떤 변화를 기대할 수 있습니까?
   나눔 나의 변화를 통해 가정, 이웃, 교회, 사회에 일어난 변화를 나눈다.

05 예수를 믿으면 우리 각자는 하나님과 특별한 관계를 맺게 됩니다.
   즉 하나님의 백성 혹은 하나님의 자녀가 됩니다.

06 예수를 믿는 사람들은 필연적으로 서로 관계를 맺게 되고 이들은 모여서 한 몸을 이루는
   데 이것을 교회라고 부릅니다.
   강조 교회 내에서 회복되고 기쁨을 누린 경험들을 나눔으로 지체 의식을 다시 한 번 느
      끼게 함.
   질문 내가 맡고 있는 교회의 직분을 주님이 주셨다는 소명 의식이 분명한가?

07 이제까지 예수에 대해서 공부했습니다. 지금까지 배운 것을 복습해 봅시다.
   질문 당신이 알게 된 예수 그리스도를 믿기 원하는가? 예수를 믿는다면, 그의 몸의 지체
      로서 교회에 소속되기를 원하는가? (교회를 안내한다.)

08 이제 새롭게 결심을 하면서 당신의 생각을 하나님께 말해 보십시오.
   적용 당신은 생활 속에서 예수님을 믿는 믿음을 어떻게 표현하고 있는가?
      예수님에 대한 새로운 믿음과 헌신을 위해 마음을 다하여 간절히 기도한다.

믿음의 실체와 믿음으로 나타난 변화들

교제 : 큐티의 이론과 실제

큐티의 이론과 실제

| 양육 목표 |

1 큐티의 원리를 이해하고 매일 주님과의 만남(교제)을 생활화한다.
2 큐티 훈련을 통해 영적 에너지를 충전하고 하나님을 닮아 간다.

나눔 요즘 내가 가장 깊이 교제하는 사람은 누구인가? 그와 교제하면서 서로 어떤 영향력을 주고받았는지 나눈다.

| 성구 암송 |

"오직 여호와의 (   )을 즐거워하여 그의 율법을 주야로 (   )하는도다 그는 시냇가에 심은 나무가 철을 따라 (   )를 맺으며 그 잎사귀가 마르지 아니함 같으니 그가 하는 (   )이 다 형통하리로다"(시 1:2-3).

"이 (   )을 네 입에서 떠나지 말게 하며 (   )로 그것을 (   )하여 그 안에 기록된 대로 다 지켜 행하라 그리하면 네 길이 (   )하게 될 것이며 네가 (   )하리라"(수 1:8).

01 예수님은 어떤 일로 하루를 바쁘게 보내셨습니까?
    나눔 당신은 어떤 일로 하루를 바쁘게 보내는가?
        시간을 가장 많이 쓰는 일부터 차례대로 쓰라.

02 누가복음 5장 15-16절을 읽으십시오. 예수님이 바쁜 일과 중에서 가장 중요하게 생각하신 시간은 무엇입니까?

• 내 생활의 원동력은 어디서부터 시작하는가? 물질, 재능, 경험을 믿고 시작한 일에 실패한 예가 있으면 나눈다.
  • 오늘 또는 이번 주에 가장 중요한 일은 무엇인가? (기도에 초점을 맞춘다.)

03 예수님이 하루 일과를 시작하기 전 이른 아침에 가장 먼저 하신 일은 무엇입니까?
  • 아침에 일어나자마자 가장 먼저 하는 일과 떠오르는 생각은 무엇인가?
    • 하루 24시간 중에 방해받지 않고 주님을 만날 수 있는 시간과 장소를 서로 나눈다. (우선순위의 중요성을 말한다.)

04 다윗은 하나님의 마음에 합한 사람으로 하나님의 뜻을 이루는 데 크게 사용되었습니다.

05 그리스도인으로서 큐티를 해야 하는 이유를 생각해 보십시오.
  (1) 하나님과 개인적으로 교제하기 위하여
  부모님에게 안부 전화하기, 소식이 뜸했던 가족, 친지, 친구, 교우에게 전화하기. (휴대폰을 꺼내서 지금 바로 전화하게 한다.)

  (2) 하나님의 인도와 보호를 받기 위해서
  말씀 묵상을 통해 나아갈 길(장·단기적)을 인도받은 경험을 구체적으로 나눈다.

  (3) 주의 성품, 인격, 생활을 닮기 위해서
  피상적으로 종교생활을 하던 시절과 요즈음의 신앙생활을 서로 비교하면서 나눈다. (지속적인 훈련밖에는 없다. 큐티와 일대일이 좋은 훈련 도구다.)

  (4) 주님의 사역을 감당하기 위해서
  • 당신이 교회 사역에서 주체적인 역할을 하고 있다면 이에 따른 말씀 묵상은 어떠한가?
    • 열심히 교회 사역을 했지만 좋지 않은 평가를 받아 본 적이 있으면 나눈다.
  내 열심과 의로 하지 않도록 나눔의 방향을 유도한다.

06 큐티를 하는 데 정해진 방법이 있는 것은 아닙니다. 그러나 처음 시작하는 것을 돕고, 또 계속하도록 하기 위해 〈생명의 삶〉(두란노)을 소개합니다.

07 〈생명의 삶〉을 활용해서 큐티를 하십시오.

08 시편 119편 15, 97절에서는 말씀 묵상을 강조합니다. 말씀을 묵상하는 것과 단순히 읽는 것은 어떤 차이가 있습니까?

> 참고 ＊읽기: 객관적 이해를 위하여 지식적 관점에서 접근함
> (예: 보석을 단순히 보는 것)
> ＊묵상하기: 하나님의 뜻을 깨닫고 삶의 변화에 접근함
> (예: 보석을 자세히 살피는 것)
> 적용 어떤 물건을 자세히 관찰하여 구체적으로 관찰한 내용을 적어 본다.
> (종이를 준비해 20개 이상 적어 본다.)

09 말씀이 내 발에 등이 되고 내 길에 빛이 되기 위해서는 말씀을 실생활에 적용해야 합니다.

10 큐티의 유익을 알더라도 규칙적으로 꾸준히 하기가 쉽지 않습니다. 성실하게 하기 위해서 다음의 조언을 참고하십시오.

(1) 경건 생활에는 훈련이 필요합니다.

> 나눔 • 큐티에 방해되는 요인이라고 생각하는 것을 서로 나눈다.
> • 큐티를 한 날과 하지 않은 날은 생활에서 어떤 차이가 있는지 나눈다.

(2) 큐티를 점검하거나 같이 나눌 형제 자매를 만드십시오.

> 적용 일대일 기간에는 양육자와 동반자가 함께 큐티를 나누고, 이후에도 계속 나눌 사람을 생각하고 이름을 기록한다.

(3) 실패하더라도 낙심하지 말고 그날부터 다시 계속하십시오.

> 나눔 꾸준하게 못한 실패 경험과 다시 시작해 지속한 성공 사례를 나눈다.
> 적용 큐티를 빠지지 않고 날마다 하기 위한 자신의 결단을 기록한다.

11 7번을 따라 큐티를 실제로 해 봅시다.

생활 숙제 • 요한복음 8장 1-11절로 큐티 실시

12 큐티의 내용을 서로 나누어 봅시다.

성장 : 일대일 양육 성경 공부

구원의 확신

| 양육 목표 |

1 동반자가 분명하게 구원의 확신을 고백하도록 돕는다.
2 천국에 대한 소망을 가지고 구원의 감격 속에 살도록 돕는다.

나눔
• 한 주간 준비 과제를 통해서 받은 은혜와 교훈을 서로 나눈다.
• 당신은 구원받았다는 확신이 있는가? 만약 없다면 그 이유가 무엇이라고
생각하는가?

| 성구 암송 |

"내가 하나님의 아들의 (   )을 믿는 너희에게 (   )을 쓰는 것은 너희로 하여금 너희에게
(   )이 있음을 알게 하려 함이라"(요일 5:13).

"내가 진실로 진실로 너희에게 이르노니 내 (   )을 듣고 또 나 보내신 이를 믿는 자는 (   )을
얻었고 (   )에 이르지 아니하나니 (   )에서 (   )으로 옮겼느니라"(요 5:24).

본문의 열 가지 질문에 대한 답은 다음 성경을 참고하십시오.
(2번: 계 3:20 / 3번: 롬 8:1; 골 1:12-14 / 4번: 요 1:12 / 5번: 요일 5:11-13; 요 5:24 / 6번: 행
16:31; 엡 2:8-9 / 7번: 눅 23:42-43 / 8번: 고전 12:3 / 9번: 요 3:3-5; 딛 3:5 / 10번: 요 3:18)

참고 다음은 이상의 열 가지 질문에 대해 한 가지 이상 "아니다" 혹은 "모르겠다"라고
대답할 경우 취할 조치다.
＊조치 1: 관련된 성경 말씀을 함께 찾아서 동반자가 직접 확인하도록 하고, 양육
자가 보충 설명을 한다.

* 조치 2: 조치 1에도 불구하고 확신이 없는 경우 "네 번째 만남: 예수를 믿으십시오"를 복습하고 개인적으로 예수님을 영접하도록 돕는다. (최고의 행복이나 사영리 혹은 다리 예화를 이용해 다시 한 번 복음을 전한다.)

01 지적인 이해

(1) 예수 그리스도는 누구십니까?

(2) 예수님은 어떤 일을 하셨습니까?

(3) 예수님은 지금 무슨 일을 하십니까?

(4) 당신은 예수님을 믿어야 합니다.

참고 • 이 부분에 대한 대답이 확실하지 않으면 앞의 내용을 반복 학습한다.

02 감정적인 체험

(1) 신앙에는 감정적인 반응이 있습니다.

나눔 최근에 설교나 말씀 묵상 혹은 충고를 듣고 회개했거나 돌이킨 적이 있는가? 반대로 말씀을 무시하고 내 감정대로 한 일이 있으면 그 후의 결과를 나눈다.

(2) 감정적인 반응은 서로 다릅니다.

나눔 사람의 성격이나 가정 배경에 따라 신앙에 대한 감정적인 반응이 다르다. 당신은 어느 편에 속한다고 생각하는가? 처음 복음을 접했을 때 받은 느낌과 감격이 있으면 나누고, 그때와 지금의 차이를 비교해 보라.

(3) 감정에 의존하지 마십시오.

나눔 • 다스리지 못하는 감정 때문에 남에게 상처를 준 경험이나 스스로 화를 참지 못해 손해 본 적이 있으면 나눈다.

• 기도원이나 부흥회, 세미나에 참여한 후 그 열기가 얼마나 지속되었는지 나눈다.

(4) 감정은 말씀과 믿음의 결과입니다.

나눔 구원의 감격을 중심으로 감정적인 체험을 한 예를 구체적으로 나눈다. [인간적인 감정이 아니라 성령님이 함께하신 감정의 체험(예: 예배 중 눈물)을 나눈다.]

03 의지적인 결단

(1) 예수님은 젊은 관원에게는 어떤 의지적인 결단을 요구하셨습니까?

생활 숙제 가지고 있는 물건 중에서 가장 귀하게 생각하는 것 한 가지를 다음주에 가지고 와서 동반자에게 준다.

(2) 예수님을 만난 거지 맹인은 어떻게 그의 신앙 의지를 표현했습니까?

나눔 중요한 결단을 하고자 할 때 타인의 방해나 핍박을 받아서 포기한 적이 있는가? 주님 앞에서 가장 크게 결단한 것은 무엇인지 서로 나눈다.

강조 동반자가 아직 결단하지 못하는 것이 있다면 단호하게 선포하며 결단하도록 돕는다.

04 구원받은 신앙의 확증

(1) 하나님의 말씀

나눔 내가 구원받았다는 근거가 되는 성경 구절을 서로 말하고 그 이유를 나눈다.

적용 요한일서 5장 9-13절 말씀에서 구원받은 증거를 찾아본다.

(2) 성령의 내적 증거

나눔 구원받았다는 성령의 내적 증거를 체험한 적이 있는지 서로 나눈다.

(3) 우리의 변화된 삶

질문 • 구원에 대한 분명한 확신이 있다면 앞으로 어떠한 삶을 살겠는가?
• 매일의 삶 속에서 구원의 감격을 누리며 살기 위하여 어떻게 하겠는가?

참고 구원의 객관적 증거(10가지)

(1) 예배를 사모한다.

(2) 믿음의 기도를 드리게 된다.

(3) 하나님의 말씀이 순수하게 받아들여진다.

(4) 찬양의 가사와 곡조가 마음에 절절하게 다가온다.

(5) 성도를 보면 아무런 이유 없이 반갑다.

(6) 믿지 않는 사람을 보면 불쌍한 마음이 든다.

(7) 하나님의 백성(그리스도인)에 대한 자부심을 가지고 있다.

(8) 영적인 세계를 분별할 수 있다.

(9) 은사를 받았다.

(10) 하나님이 나를 어떻게 쓰실지 생각해 본 적이 있다.

하나님의 속성

| 양육 목표 |

1 동반자가 하나님의 성품을 닮아 가도록 돕는다.
2 생활 속에서 하나님의 뜻을 발견하는 방법을 훈련한다.

나눔
- 신앙에 대한 주관적인 확신은 무엇에 기초해야 하는가? 하나님에 대하여 알고 있는 모든 것을 말해 보시오. (동반자의 하나님에 대한 이해 상태 파악하기)
- 살아오면서 하나님을 잘 알지 못해 오해하거나 실패한 경험을 나눈다. 하나님을 의식하지 않고 내 마음대로 살아 본 경험을 나눈다.

| 성구 암송 |

"여호와여 (   )과 권능과 (   )과 승리와 (   )이 다 주께 속하였사오니 (   )에 있는 것이 다 주의 것이로소이다 여호와여 (   )도 주께 속하였사오니 주는 높으사 (   )의 머리이심이니이다"(대상 29:11).

"여호와여 주의 (   )이 하늘에 있고 주의 (   )이 공중에 사무쳤으며 주의 (   )는 하나님의 산들과 같고 주의 (   )은 큰 바다와 같으니이다 여호와여 주는 (   )과 (   )을 구하여 주시나이다"(시 36:5-6).

[본문] 호세아 6장 3, 6절에서 호세아가 강조한 것은 무엇입니까?

나눔 하나님을 잘 알지 못했던 때는 어떻게 지냈는가?
하나님을 알기 위해서 언제부터 어떻게 노력했는지 나눈다.

01 하나님께만 있는 성품
    (1) 하나님은 주권자이십니다.
    (2) 하나님은 영원하십니다.
    (3) 하나님은 전지하십니다.
    _{나눔} • 예수님을 믿는다는 이유로 가족이나 직장에서 핍박을 받은 경험이 있으면 그
       때의 감정과 하나님의 은혜와 위로를 간증하라.
       • 힘들고 지쳐 있을 때 나를 도와주는 손길을 경험한 적이 있으면 나누라.

    (4) 하나님은 모든 곳에 계십니다.
    _{나눔} • 죄를 지을 뻔한 장소나 환경에서 어떤 도움으로 피할 수 있게 된 적이 있다면
       나눈다.
       • 위험한 상황에 처했을 때 하나님의 도우심을 경험한 적이 있으면 나눈다.

    (5) 하나님은 전능하십니다.
    _{나눔} 힘든 상황에서 하나님의 능력을 체험한 일이 있으면 간증하라(병약함, 부족한 것,
      약점, 가난한 것, 잘 풀리지 않는 일 등).

    (6) 하나님은 변치 않으십니다.
    _{나눔} 어려운 일을 경험했을 때 크게 낙심이 되었지만 세월이 지나고 나서 그것이 오히
      려 큰 유익이 되었던 체험을 나누라.

02 하나님과 사람 모두에게 있는 성품
    (1) 인자: 하나님은 사랑이십니다.
    _{적용} 목숨까지는 아니더라도 큰 대가를 치를 만한 가치가 있는 사람이 있다면 그의 이
      름을 지금 기록하라.
    _{나눔} 한 영혼을 진심으로 사랑해 본 적이 있는가? 어떠한 대가를 지불했는지 나눈다.
    _{생활 숙제} 대가를 지불하면서 그리스도의 사랑을 표현해 본다.

(2) 성실: 하나님은 언제나 진실하십니다.

^{나눔} 나의 진실한 행동을 통해서 지난주 하나님을 기쁘시게 한 일은 무엇인가?

(3) 의로움: 하나님은 잘못된 일을 하지 않으십니다.

^{나눔} 어떤 일에서 인간적인 판단으로 정의를 외친 적이 있는지 나눈다.

(4) 공의: 하나님은 공정하십니다.

^{나눔} • 작은 일에 습관적으로 정직하지 못한 죄를 짓는 모습이 있으면 나눈다.
    • 사소하다고 생각하는 죄의 뿌리를 뽑는 가장 좋은 방법을 서로 나눈다.

03 삼위일체

(1) 요한복음 10장 30절에서 예수님은 자신을 어떻게 소개했습니까?

(2) 사도행전 5장 3-4절에서는 성령을 속이는 것이 곧 하나님을 속이는 것이라고 했습니다. 그런데 이 성령은 누가 보내십니까?

(3) 성령을 다른 말로 무엇이라 부릅니까?

^{참고} 성부 하나님 - 복의 근원
    성자 하나님 - 복 자체(통로)
    성령 하나님 - 복의 실현

^{참고} 하나님은 본질(essentia)상 하나이지만 위격(hypostasis)은 셋이다.
    성부, 성자, 성령은 서로 구별되지만(삼위) 결코 분리되지 않는다(일체).

^{적용} 나는 이 복을 내 삶에 어떻게 적용시키고 누리며 살고 있는가?
    • 하나님을 가장 많이 닮았다고 생각되는 나의 성품이 있으면 서로 나눈다.
    ('양육자 지침서'를 완전히 숙지한다.)

^{참고} 삼위일체를 어떤 비유(예, 물-얼음-수증기, 아들-남편-아버지 등)로 설명하려고 하지 말라. 이러한 예들은 모두 부적당하다.

하나님의 말씀 - 성경

| 양육 목표 |

1 날마다 하나님의 말씀을 경험하는 삶을 살도록 돕는다.
2 지혜와 지식의 보물 창고인 성경을 탐구하는 방법을 배운다.

질문   당신은 하나님의 말씀인 성경에 대해서 얼마나 많이(깊이) 알고 있는가?

나눔   성경 말씀을 통해서 하나님이 당신에게 주시는 교훈, 책망, 바르게 함, 의로 교육함으로써 하나님의 사람으로 변화된 경험을 나눈다.

나눔   성경 말씀을 삶에 적용하기 위해서 말씀 묵상이 듣기, 읽기, 연구하기, 암송하기와 어떻게 조화를 이루고 있는지 나눈다.

실행   성경을 손으로 잡고 있는 그림(《일대일 제자양육 성경공부》 교재를 보라)을 관찰하고 다섯 손가락의 기능에 대해서 서로 나눈다. (빼앗기와 놓아 보기 데모)

| 성구 암송 |

"모든 성경은 하나님의 (　　　)으로 된 것으로 (　　　)과 (　　　)과 바르게 함과 의로 교육하기에 유익하니"(딤후 3:16).

"갓난아기들같이 (　　　)하고 신령한 (　　　)을 사모하라 이는 그로 말미암아 너희로 (　　　)에 이르도록 자라게 하려 함이라"(벧전 2:2).

01   듣기

(1) 당신은 그동안 어떻게 성경을 공부해 왔습니까?
(2) 당신은 성경 묵상을 통해 어떤 영적 유익을 얻으면서 생활하고 있습니까?

02 읽기

^{나눔} 당신은 성경을 체계적으로 읽기 위한 계획과 목표를 가지고 있는가?

^{생활 숙제} 성경읽기표를 제시하고 활용하는 방법을 알려 준다.

(체크된 양육자의 카드 표를 보여 주고 도전을 준다.)

03 연구

^{나눔} 당신이 말씀을 연구하는 방법을 소개하고 연구를 통해 말씀의 심오한 뜻을 깨달았을 때 받았던 감격과 느낀 감정을 나눈다.

^{참고} 성경 사전, 성구 사전, 성서 지도 등을 추천해 준다.

04 암송

^{나눔}
- 당신이 암송한 말씀을 가지고 하나님 앞에 나아갈 때, 혹은 복음을 전했을 때 개인적으로 경험한 말씀의 능력을 서로 나눈다.
- 어떤 시험이나 위기에 빠졌을 때 내가 암송하고 있는 말씀으로 시험을 이기고 극복한 경험을 나눈다.

^{참고} 말씀을 많이 암송하는 것도 중요하지만 암송한 말씀을 매일의 삶 속에서 적용하며 실천하는 것이 더 중요하다.

^{생활 숙제} 금주의 암송 성구(성경 두 구절)를 한 주간의 삶에 적용하고 그 유익을 나누도록 한다.

05 묵상

(1) 본문의 문맥에서 이 말씀의 의미는 무엇입니까?

(2) 이 말씀이 내 생활에 어떤 영향을 줍니까? (적용하는 방법은 여러 가지입니다.)

^{적용} 설교를 들을 때, 매일 정해진 시간에 성경을 읽을 때, 말씀을 깊이 연구할 때, 암기한 말씀을 복습할 때마다 위의 두 질문을 하면서 묵상하기를 습관화하는 훈련을 하라.

^{나눔} 사람은 자신의 마음에 가득한 것을 언제나 입으로 말하기 마련이다. 요즘 내 마음속은 무엇으로 가득 차 있는지 서로 나누라.

＊마음 → 생각 → 행동 → 습관을 형성한다.

^{적용} 하나님의 말씀을 지키고 실천하기 위해서 당신은 어떤 값을 치르고 있는가?

네 번째 만남

기도

| 양육 목표 |

1 날마다 깨어 기도하고 감사하며 살아가는 법을 배운다.
2 기도 응답에 대한 확신을 가지고 믿음으로 기도하는 법을 배운다.

나눔
- 당신은 '기도'에 대해 어떻게 생각하며 기도하고 있는가?
- 당신이 최근에 받은 기도 응답은 무엇인가? (서로 나눈다.)

| 성구 암송 |

"너희가 내 (   )에 거하고 내 (   )이 너희 안에 거하면 (   ) 원하는 대로 구하라
그리하면 이루리라"(요 15:7).

"아무것도 (   )하지 말고 다만 (   ) 일에 (   )와 (   )로, 너희 구할 것을 (   )
으로 하나님께 아뢰라 그리하면 모든 (   )에 뛰어난 하나님의 (   )이 그리스도 예수 안에
서 너희 (   )과 (   )을 지키시리라"(빌 4:6-7).

01   기도란 무엇입니까?

02   누구에게 기도합니까?
　　나눔
- 당신이 기도하는 대상이 누구인지 분명하게 인식하고 있는가? 또한 기도에 대한 하나님의 약속이 무엇인지 서로 나눈다.
- 예수님이 가르쳐 주신 기도문(마 6:9-13)을 읽어 보고 요즘 당신의 기도와 비교해 보라.

03 누가 기도할 수 있습니까?

　나눔　예수님의 이름으로 기도할 수 있는 특권은 누구에게 주어졌는가?
　　　　그렇다면 왜 하나님은 우리의 기도에 응답하시는가?

04 왜 기도해야 합니까?

　나눔　• 당신이 기도하는 이유에 대해서 무엇이든지 자유롭게 나누라.
　　　　• 당신이 특별히 기도하는 내용을 구체적으로 나누라.

05 언제 기도해야 합니까?

　나눔　• 장소, 시간, 환경에 관계없이 아무 때나 기도할 수 있도록 습관화시키는 연습
　　　　　에는 어떤 것들이 있을까? (서로 나눈다.)
　　　　　＊참고 서적: 《하나님의 음성을 듣는 법》(찰스 스탠리 저, 두란노, 2010)
　　　　• 당신이 기도하는 스타일(자세)에 대해 나누시오(통성 기도, 침묵 기도, 금식 기도,
　　　　　대표 기도, 대화식 기도, 짝 기도 등).

06 무엇을 기도해야 합니까?

(1) 찬양: 하나님의 성품과 특성을 인정하는 것입니다.

　적용　역대상 29장 11절을 다시 한 번 암송하며 하나님을 찬양한다. 시편 145편 1-6절
　　　　을 함께 소리 내어 크게 읽는다.

　나눔　찬양드릴 때 성령님의 임재를 경험한 일을 나눈다.

(2) 고백: 하나님께 우리의 죄를 고백하고 하나님 앞에서 그것을 시인하는 것입니다.

　나눔　• 죄를 자백했을 때와 그렇지 않을 때의 마음 상태를 나눈다.
　　　　• 나만 아는 은밀한 죄를 통하여 주위 사람에게 피해를 주었다면 그 해결 방법
　　　　　을 나누시오.

(3) 감사: 하나님이 우리에게 주신 모든 것에 대해서, 마음에 들지 않는 일까지도 하나님
　　　께 감사하는 것입니다.

　적용　• 지난 1년 동안 살면서 감사했던 일들을 20개 이상 노트에 기록한다.
　　　　　정말 감사한 일과 감사할 수 없는 일까지 감사함으로 기록해 보라.

(4) 중보: 다른 사람의 상황을 알아서 그들의 필요를 위해서 하나님께 구하는 것입니다.

나눔   당신의 중보 기도는 주로 어떤 내용인가? 누구를 위해 기도하는가?

지금 기도 제목을 서로 나누고 함께 중보 기도하라.

적용   선교를 위한 중보 유도

(5) 간구: 우리 자신에게 필요한 것을 하나님께 구하는 것입니다.

나눔   당신의 개인적인 필요를 위해서 무엇을 기도하고 있는가?

간구해서 얻은 것을 서로 나누고, 아직 얻지 못한 것이 있다면 함께 기도하라.

참고   예수님은 "무엇이든지 믿고 구하는 것은 다 받으리라"(마 21:22)라고 말씀하셨는
데 간절히 기도해도 응답이 없을 때는 무엇을 생각해 보아야 하나?

(1) 회개하지 않고 죄 중에 있을 때(사 1:15)

(2) 정욕(욕심)으로 쓰려고 잘못 구할 때(약 4:3)

(3) 누군가를 용서하지 않은 상태(막 11:25)

(4) 사탄의 방해(단 10:13)

(5) 마땅히 빌 바를 알지 못하여(롬 8:26)

(6) 아직 하나님의 때가 아니므로

07   어떻게 하면 확신 있게 기도할 수 있습니까?

(1) 거하라.

(2) 구하라.

(3) 믿으라.

생활 숙제   동반자와 기도 체험하기: 중보 기도 모임 참여, 새벽 기도, 기도원 가기 등

다섯 번째 만남

교제

| 양육 목표 |

1 예배를 통해 하나님의 임재를 체험한다(예배를 통한 교제).
2 성도 간에 아름다운 교제를 나누는 법을 배운다(성도 간의 교제).

나눔 • 예배시에 하나님의 임재를 느낀 적이 있다면 나누어 봅시다.
• 세상 사람들과의 교제와 성도간의 교제에 다른 점이 무엇입니까?

| 성구 암송 |

"우리가 한 (   )에 많은 (   )를 가졌으나 모든 (   )가 같은 (   )을 가진 것이 아니니 이와 같이 우리 많은 사람이 (   ) 안에서 한 (   )이 되어 서로 (   )가 되었느니라"(롬 12:4-5).

"새 (   )을 너희에게 주노니 서로 (   )하라 내가 너희를 (   )한 것같이 너희도 서로 사랑 하라 너희가 서로 (   )하면 이로써 모든 사람이 너희가 내 (   )인 줄 알리라"(요 13:34-35).

[예배를 통한 교제]
01 하나님이 우리의 예배를 통해서 원하시는 바는 무엇입니까?
나눔 예배는 하나님을 위해 드리는 것이다. 나 자신의 만족을 위해 드리는 예배와 비교하고 나누어 보라.

02 참 예배를 드리기 위해서는 무엇보다도 예배드리는 사람들의 자세가 중요합니다.

나눔 "영과 진리로 예배할지니라"(요 4:24)라는 말씀의 깊은 뜻은 무엇인가? 어떻게 하면 하나님이 받으시는 예배가 될 수 있을까?

참고 영과 진리로 예배드리기 위한 자세
* 예배는 전날부터 시작된다(기도, 헌금 준비, 이른 취침).
* 일찍 가서 예배를 준비한다(복장, 설교 본문 묵상, 기도 등).
* 예배 중에는 하나님께만 집중한다(마음 자세, 찬양, 설교 기록 등).
* 예배의 기본 요소(설교, 찬양, 기도, 헌금, 성찬)가 성령 안에서 하나 되어야 한다(치우치지 않고 균형을 이루는 예배).
* 교회 봉사는 예배 후에 따로 시간을 낸다(안내, 주차 등).

나눔 당신은 어떤 자세(몸과 마음)로 예배에 임하는가? 경험한 것을 나눈다(좋은 것, 좋지 않은 것 모두 나눈다).
좋지 않은 경우의 예: 헌금 위원, 안내, 주차 안내, 주방 봉사 등을 목적으로 하는 경우.

나눔 참 예배를 통하여 얻은 복들을 나누어 보라.

03 예배가 복잡해야 할 필요는 없습니다. 그러나 예배는 우리의 마음과 삶을 하나님께 드리며 그 안에서 하나가 되는 시간이어야 합니다.

적용 지난주에는 어떻게 예배를 드렸는가? 형식적으로 드린 예배가 있다면(헌금, 기도, 찬양 등) 솔직히 나누고, 앞으로 어떻게 예배를 드릴 것인가를 결단하라.

생활 숙제 예배를 위해 한 주간 집중해서 기도와 준비를 하고 예배를 드리라. 그후 예배가 달라진 점이 있다면 나누어 본다.

04 찬양은 하나님을 예배하는 데 가장 중요한 요소입니다.

나눔 찬양을 통해 경험한 은혜를 서로 나누고, 찬양의 다섯 가지 복과 비교하라(《일대일 제자양육 성경공부》 교재를 보라).

[성도 간 교제]

01 지체 의식이 있어야 합니다.

나눔 모든 그리스도인이 그리스도 안에서 한 몸이 되어 서로 지체가 되었다면 만나기 불편한 형제가 있을 때 당신의 역할은 무엇인지 서로 나눈다.

02 주 안에서 하나 되어야 합니다.

나눔 • 하나 되지 못하고 있는 부분이 있다면 해결 방법을 서로 나누라.
     • 그리스도인들의 연합을 파괴하는 마귀의 궤계를 물리치고 하나가 되는 힘을 어떻게 얻을 수 있는지 나눈다.

03 각 사람의 다양성을 이해해야 합니다.

(1) 은사가 다릅니다.

질문 당신은 어떤 은사를 받았는가? 그것을 어떻게 알 수 있는가?

(2) 믿음의 정도가 다릅니다.

질문 성숙한 그리스도인과 미숙한 그리스도인의 특징은 무엇인가?

(3) 인간적인 배경이 다릅니다.

나눔 교회 내에서 함께 사역을 하다가 갈등을 겪고 있다면 무엇이 문제인지 나누고 해결책을 제안하라.

04 서로 사랑해야 합니다.

나눔 • 교회 내에서 소외당한 적이 있는가? 그때의 심정과 회복 상태를 나눈다.
     • 교회 성도를 소홀히 대하거나 무관심하게 대한 일이 있으면 나눈다.

적용 나는 요즘 어떤 행동으로 사랑을 실천하고 있는가? (지난주에 행한 것을 말한다.)

05 서로 덕을 세워야 합니다.

질문 • 교회 사역을 하면서 서로 부딪히는 일이 발생한다면 어떻게 해결하겠는가?
     • 교회에서 덕을 세우기 위해 내가 마땅히 해야 할 일은 무엇인가?

전도

| 양육 목표 |

1 세상에서 구체적으로 복음을 전하는 방법을 배운다.
2 세상의 직업과 일을 통해서 모든 영역에서 하나님 나라를 확장한다.

질문 • 당신은 사람을 낚는 어부의 삶(전도인의 삶)을 살고 있는가?
• 당신은 삶의 현장에서 어떻게 선한 영향력을 끼치고 있는가?

| 성구 암송 |

"내가 (   )을 부끄러워하지 아니하노니 이 (   )은 모든 믿는 자에게 (   )을 주시는 하나님의 (   )이 됨이라 먼저는 (   )에게요 그리고 (   )에게로다"(롬 1:16).

"너희 (   )에 그리스도를 주로 삼아 (   ) 하고 너희 속에 있는 (   )에 관한 (   )를 묻는 자에게는 대답할 것을 항상 (   )하되 (   )와 (   )으로 하고"(벧전 3:15).

01 세상에 대한 자세
    (1) 대립으로 보는 반대의 입장
    (2) 타협으로 보는 중재의 입장
    (3) 정복으로 보는 변혁의 입장
    나눔 • 당신은 (1), (2), (3) 중 어떤 입장인가?
        • 교회 안에서의 모습과 세상 속에서의 당신의 모습은 어떠한가? 가정이나 직장에서 당신은 어떤 모습인지 서로 나누고 고백해 보라.

02 세상일에 대한 자세

_{나눔} • 당신은 세속적인 직업을 통해서 어떻게 전도자로 살고 있는가?
  • '주께 하듯'과 '사람에게 하듯'의 차이는 무엇인가? 구원받은 그리스도인으로서 세상의 일에 대한 나의 자세는 어떠해야 하는가? (서로 나눈다.)

03 복음 전파

(1) 복음 전파의 기본자세

_{적용} 최근에 당신이 찾아가서 전도했던 사람의 이름과 관계를 말해 보라. 찾아가서 전도할 대상은 누구인가? 가장 가까운 사람을 말하고 함께 기도하며 실천해 보라.

_{나눔} 양육자는 담대하게 복음을 전한 경험을 동반자에게 들려주고 도전과 용기를 주라.

_{생활 과제} 다음 한 주간 동안 동반자가 한 사람에게 전도하기.

(2) 생활을 통한 전도

_{생활 숙제} 이 세상에서 흠이 없고 순전한 삶을 사는 것이 얼마나 어려운지 실패한 사례와 승리한 사례를 서로 나누고 한 주간 승리하는 삶을 실천해 보라.

_{나눔} 주위 사람들이 당신의 말과 행동을 보고 하나님의 영광의 빛을 보고 있는가? 그것을 어떻게 확인할 수 있는가? 구체적인 사례를 나눈다.

(3) 입을 열어 하는 전도

_{나눔} • 증거란 내가 알고 믿는 예수님을 나의 삶 속에서 만나고 실제로 경험한 사건을 나누는 것이다. 당신은 어떻게 예수님을 증거하고 있는지 나누어 보라.
  • 당신의 삶이 남과 다른 점은 무엇인가? 손해 보는 것과 양보하는 것을 못해서 복음을 전하는 데 걸림돌이 된 예가 있으면 서로 나누어 보라. 반대로 손해를 보면서도 도와주고 친절을 베풀었던 일이 있다면 서로 나누라.

_{질문} • 입을 열어 복음을 말하기 위해 당신이 먼저 준비할 것이 무엇인가?
  • 전도의 현장에서 마음자세는 어떠해야 하는가?

04 전도의 전략

적용 짧은 시간이라도 어떤 사람과 함께 있을 때 그에게 효과적으로 예수 그리스도를 소개하는 방법을 서로 나누고 다음을 참조해 구체적으로 적용하라.

나눔 당신의 간증을 나누는 것은 매우 효과적이다. 이 방법으로 당신의 간증문을 만들고 한 주간 다른 사람에게 간증을 나누라.

05 전도의 생활화

(1) 전도를 생활화하려면 성령의 능력 안에서 그리스도를 전하고 그 결과를 하나님께 맡겨야 합니다.

나눔 당신은 때를 얻든지 못 얻든지 항상 말씀 전하는 삶을 살고 있는가? 결과에 관계없이 한 영혼의 구원을 위하여 힘쓰고 애쓴 일이 있으면 나눈다.

참고 우리는 밭을 가는 자, 씨 뿌리는 자, 물 주는 자 중 한 역할만을 담당할 수도 있다.

(2) 전도할 때 세 가지 요소를 주의해야 합니다.

(3) 기도해야 합니다.

(4) 적극적으로 전해야 합니다.

(5) 화제를 그리스도에게로 돌려야 합니다.

나눔 당신은 어떠한 말과 행동으로 만나는 사람의 관심을 그리스도에게 돌리도록 하는가? 좋은 습관과 사례를 서로 나눈다.

(6) 결과를 기대해야 합니다.

적용 • 당신은 올해 몇 명의 영혼을 개인적으로 주님께 인도했는가?
 • 앞으로 전도할 대상을 노트에 기록하고 구체적인 전도 계획을 세우자.

성령 충만한 삶

| 양육 목표 |

1 개인적으로 성령 충만한 삶의 비결을 배운다.
2 성령의 능력으로 풍성한 삶을 살아가도록 돕는다.

질문 • 성령 충만한 사람은 어떤 삶을 살 것이라 생각합니까?
　　 • 성령 충만한 삶이 어떤 유익을 줄 거라 생각합니까?

| 성구 암송 |

"술 취하지 말라 이는 (　　　)한 것이니 오직 (　　　)으로 (　　　　　)을 받으라"(엡 5:18).

"오직 성령의 (　　　)는 사랑과 (　　　)과 화평과 (　　　)과 자비와 (　　　)과 충성과
(　　　)와 절제니 이 같은 것을 금지할 (　　　)이 없느니라"(갈 5:22-23).

01 성령 충만이란 무슨 의미입니까?

　나눔　술 취한 경험이 있다면 나누고, 없다면 술 취한 사람들이 하는 행동을 본 경험을
　　　　말해 보라. 성령에 취한 경우와 술에 취한 경우의 유사성과 차이점을 나누고 교
　　　　훈을 얻는 시간을 가지라.

02 누가 우리를 성령 충만하게 하십니까?

　나눔　성령을 받는 것은 여러 가지 방법으로 상황에 따라 다르게 나타나는 것을 알 수
　　　　있다. 성경에 나타난 사례를 살펴보고 개인적으로 경험한 성령 세례가 있으면 나
　　　　눈다.

03 왜 성령 충만을 받아야 합니까?

나눔
- 내 속에서 다른 욕구(육체와 성령)가 서로 싸우는 것 때문에 요즘 갈등하고 있는 일이 있으면 서로 나눈다.
- 하나님의 말씀 때문에 욕심을 자제하고 갈등을 이긴 경험과 실패한 경험을 구체적으로 나눈다.

참고
성령의 은사와 열매에 대한 개념을 정리할 필요가 있다.

04 어떻게 하면 성령 충만을 받을 수 있습니까?

(1) 성령 충만의 필요를 느끼고 간구해야 합니다.

(2) 죄를 회개하고 자신을 깨끗이 해야 합니다.

(3) 하나님께 자신의 생활을 전적으로 의탁해야 합니다.

나눔
- 성령 충만의 현상은 예수님을 처음 믿을 때, 혹은 믿고 있는 성도에게 언제든지 나타날 수 있다. 당신의 경우 언제 어떤 형태로 성령 충만을 경험했는지 나누어 보자.
- 사랑하는 사람을 잃거나, 불치의 병에 걸렸거나, 파산하거나, 인격적으로 모욕을 당한 경험이 있다면 나누고, 앞으로 그러한 일을 당할 경우 어떻게 대처하고 해결할 것인지 나눈다.

05 성령 충만을 받은 결과는 무엇입니까?

(1) 일상생활에서 그리스도의 성품이 드러납니다.

나눔
- 나에게 있는 성령의 열매는 어떤 것들인지 서로 나누고, 나에게 나타난 그리스도의 성품을 통해 가정과 직장에서 사람 사이의 갈등이 해결된 사례를 나누어 보자.

(2) 담대히 복음을 전하게 됩니다.

나눔
그동안 내가 몇 명에게 복음을 전했는지 나눈다.

(3) 필요에 따라 각종 은사가 나타납니다.

나눔
나에게 주신 성령의 은사가 무엇인지 나눈다.

06 언제 성령의 충만함을 받을 수 있습니까?

적용 • 언제든지 필요할 때마다 어느 곳에 있든지 성령 충만을 받으려면 어떻게 하면
될까? (서로 나누고 구체적으로 적용하라.)

참고 • 성령의 임재, 성령의 내주, 성령 세례, 성령 충만에 대한 이해와 성령을 받았다
는 해석을 명확하게 이해시킬 필요가 있다. (오순절 사건과 예수를 구주로 영접
한 사건에 대한 이해-'양육자 지침서' 참조)

시험을 이기는 삶

| 양육 목표 |

1 그리스도인이 경험하는 유혹과 시험을 이해한다.
2 세상과 사탄을 이기는 방법을 구체적으로 배운다.

질문
- 양심과 나의 이익 사이에서 갈등한 적이 있습니까? 무엇을 택했습니까?
- 세상 유혹을 이기는 나만의 방법이 있습니까?

| 성구 암송 |

"사람이 (   ) 밖에는 너희가 당한 것이 없나니 오직 하나님은 (   ) 너희가 감
당하지 못할 (   )을 허락하지 아니하시고 (   )당할 즈음에 또한 (   )을 내사
너희로 능히 감당하게 하시느니라"(고전 10:13).

"오직 각 사람이 (   )을 받는 것은 자기 (   )에 끌려 (   )이니 욕심이 잉태한즉 (   )
를 낳고 (   )가 장성한즉 (   )을 낳느니라"(약 1:14-15).

(1) 시련(약 1:2-4)
(2) 유혹(약 1:13-14)
(3) 테스트(창 22:1)

나눔
- 당신이 지금 당하고 있는 시험은 무엇인가? 그 시험으로부터 벗어날 수 있는
방법은 무엇이라고 생각하는가?

- 그리스도인이라도 정말 견디기 어려운 시험을 당할 때 자살도 하고, 이혼도 하고, 도피도 한다. 이러한 현상을 주위에서 볼 때 어떻게 받아들여야 할지 나눈다.
- 너무 믿음이 좋아 하나님이 다 알아서 해 주실 것이라 생각하고 무방비 상태로 있다가 시험에 빠져 고난을 당한 경험을 나눈다.
- 시험을 당했을 때 하나님이 항상 나와 함께 계신다는 믿음을 통해 승리한 경험을 나눈다.

^{적용} 현재 당하고 있는 시험을 솔직히 서로 나누고 시험을 이길 수 있는 능력을 주시도록 기도하라.

01 사탄은 직접 우리를 공격합니다.

나눔 암송한 말씀으로 사탄의 유혹을 당당히 물리친 경험을 나눈다. 또한 유혹을 이기지 못하여 주님의 말씀을 무시하고 범죄한 경험이 있으면 나누고 결단하라.

02 사탄은 세상을 통해 우리를 공격합니다.

나눔
- 육체적, 감각적 쾌락을 통하여 사탄의 유혹에 넘어간 사례를 나누어 보라. 특히 눈에 보이는 세상 욕망, 학벌, 물질, 명예, 목표 달성이 우상이 되어 하나님의 은혜를 잊은 채 살았던 경험이 있으면 나눈다.
- 세상에 대한 관심이 나와 하나님 사이를 멀어지게 만든 사건이 있다면 나누어 보라. 보물이 있는 곳에 마음도 있다는 말씀의 실제 사례와 하늘에 보물을 쌓는 연습을 어떻게 하고 있는지를 나눈다.
- 교회 생활, 가정 생활, 직장 생활, 언어 습관, 의식주 문제, 자녀 교육, 취미 등을 나누어 보고 어떠한 영역이 가장 취약한지 서로 점검하고 대안을 모색하라.

03 사탄은 육신의 욕심을 통해 우리를 공격합니다.

나눔
- 게으름, 음담패설, 시험에 들 만한 장소, 이성과의 만남 등 피해야 하는 개인적인 사례들을 나누고 함께 기도하라.
- 주위에서 유혹하는 정욕의 시험에 빠진 실패 사례를 솔직히 나누고, 요즘 성행하는 바르지 못한 접대 문화를 물리치고 승리하기 위한 대안을 서로 나눈다.

적용 의, 믿음, 사랑, 화평을 좇는 좋은 방법을 서로 나누고 동반자에게 꼭 맞는 사람이나 소그룹을 소개해서 지속적으로 교제하도록 도우라.

생활 숙제 동반자가 요즘 당하고 있는 시험이 무엇인지 솔직히 나누고, 함께 해결할 수 있도록 방법을 모색해 본다.

순종하는 삶

| 양육 목표 |

1 말씀에 순종함으로 누리는 복을 경험하도록 돕는다.
2 약속의 말씀에 의지하여 믿음으로 사는 법을 배운다.

나눔
- 말씀대로 순종하라는 말을 들었을 때 어떤 마음이 듭니까?
- 나는 어느 때 순종하고, 어느 때 불순종하는지 나누어 봅시다.

| 성구 암송 |

"그러므로 형제들아 내가 하나님의 모든 (   )으로 너희를 권하노니 너희 (   )을
하나님이 기뻐하시는 (   )로 드리라 이는 너희가 드릴 (   )니라"(롬 12:1).

"또 (   )에게 이르시되 아무든지 나를 따라오려거든 자기를 (   )하고 날마다 제 (   )
를 지고 나를 따를 것이니라"(눅 9:23).

[순종의 의미와 기본자세]

01 누가복음 5장 1-11절을 읽으십시오. 베드로는 주님께 대한 순종을 어떻게 나타냈습니까
(5절)?
나눔
- 순종으로 얻은 유익과 기쁨을 나눈다.
- 일상생활 가운데 작은 일들을 주님의 말씀에 의지해 순종하고 있는 구체적인
사례를 나눈다.

02   그리스도인들이 주님께 전적으로 순종하기 위해 필요한 기본자세는 무엇입니까?

나눔 • 날마다 자신을 부인하고 자기 십자가를 진다는 말의 의미가 무엇인지 나눈다.
      • 내 몸을 거룩한 산 제물로 드리기 위해서 구체적으로 어떠한 삶을 살아야 하는지 나눈다.

[순종의 영역과 대상]

01   그리스도의 제자들이 예수님을 따르기 위해 자기를 부인해야 하는 영역에는 무엇이 있습니까(눅 14:25-27, 33)?
      가족, 자기 자신, 소유물, 기타

나눔 • 하나님보다 더 사랑하고 있는 것이나 사랑의 우선순위가 바뀐 경험이 있으면 나눈다.
      • 부자 청년의 행동을 보고 느낀 점은 무엇인가? 물질을 포기해 본 경험과 물질 때문에 주님을 따르는 일에 실패한 경험이 있으면 나눈다.

02   순종은 주님이 우리에게 주시는 구체적인 말씀을 지키는 것이며, 고난을 받아들이는 것 또한 순종의 구체적인 모습입니다.

나눔 예수님을 믿는다는 이유로 고난을 당한 사례를 나누고, 고난을 통과한 이후에 받은 복을 나누어 보라.

03   그리스도인들이 절대적으로 순종해야 할 대상은 예수 그리스도이시지만 가정, 교회, 사회 속에 사는 그리스도인들이 순종해야 할 대상이 또 있습니다.

나눔 가정에서 부부 간에 어떻게 실제적으로 사랑을 표현하는지 나눈다. 다음 질문에 솔직하게 답하고 나누라.

생활 숙제 가정 사역의 중요성을 충분히 다룬다.

질문 • 당신(남편)은 예수님이 나를 위하여 자신의 생명을 주심같이 아내를 어떻게 사랑하고 있는가?
      • 당신(아내)은 남편이 복종할 만한 대상이 못 된다고 생각하는 경우에도 복종하고 있는가(구체적으로)?

나눔   교회에서 목사, 장로와 같은 리더십에 순종하는 것, 직장에서 상사에게 순종하는 것, 또는 사회에서 위에 있는 권세(국법) 등에 순종하는 것 가운데 당신의 신앙과 양심에 위배되는 경우 당신은 어떻게 받아들일지 서로 나누어 보라.

[순종의 예]

01   성경에 나타난 위대한 순종의 예 가운데 하나로 아브라함을 들 수 있습니다.

질문   삶의 터전을 떠나 하나님이 말씀하신 곳으로 떠나라는 명령이나 가장 아끼는 것을 드리라는 명령을 받았다면 당신은 이 명령을 현실적으로 수행할 수 있는가?

02   성경에 기록된 불순종의 대표적인 예로 사울왕을 들 수 있습니다. 사무엘상 15장 18-23절에서 사울왕은 온전하게 순종하는 대신 변명을 하고 제멋대로 하나님께 제사 드렸습니다.

나눔   회개의 기회가 주어졌지만 자신의 행위를 변명하며 뉘우치지 않는 사람을 보면서 무엇을 느끼는가? 나는 그러한 적이 없는가? (서로 나눈다.)

03   세상의 역사를 바꾸어 놓은 불순종과 순종이 있습니다.

나눔   • 나의 불순종으로 이웃에게 걸림돌이 된 경험이 있는가?
      • 나의 순종으로 이웃에게 복음이 전달된 경험이 있는가?

04   그리스도인들의 순종의 삶은 그 자체가 복입니다. 그런데도 주님은 순종하는 사람들에게 여러 가지 약속을 하셨습니다.

나눔   하나님의 말씀에 순종함으로써 영혼이 깨끗해지고, 기도 응답을 받으며, 성령님의 능력으로 살았던 경험들을 나눈다. 특히 나를 넘어뜨리는 죄의 문제를 어떻게 해결하고 있는지 서로 나누라.

05   순종하는 그리스도인들을 위하여 어떤 복이 예비되어 있습니까?

적용 순종하는 사람들에게 약속하신 하나님의 복들(하나님의 사랑을 받고, 예수님의 친구가 되며, 나와 거처를 함께하신다)에 대해 구체적인 사례를 나누고, 이러한 복을 받기 위해 당신이 어떻게 살 것인지 결단하라.

"순종하기를 지체하는 것이 곧 불순종이다."

예수님이라면 어떻게 하실까?

사역하는 삶

| 양육 목표 |

1 하나님의 부르심과 은사가 무엇인지 발견하도록 돕는다.
2 은사에 따라 적합한 사역을 발견하고 평생의 사명을 갖도록 돕는다.

나눔
- 하나님이 나에게 주신 재능은 무엇인지 나누어 봅시다.
- 나에게 주신 은사를 어떻게 활용하고 싶습니까?

| 성구 암송 |

"그러나 너희는 택하신 (   )이요 왕 같은 (   )들이요 거룩한 (   )요 그의
소유가 된 (   )이니 이는 너희를 (   ) 데서 불러내어 그의 기이한 (   )에 들어가
게 하신 이의 아름다운 (   )을 (   )하게 하려 하심이라"(벧전 2:9).

"우리는 하나님의 (   )들이요 너희는 하나님의 (   )이요 하나님의 (   )이니라"(고전 3:9).

01 성경적인 교회관

질문 내가 교회 자체라는 사실을 알 때 어떤 감동이 있는가?

나눔 당신의 현재 사역을 예수님의 세 가지 사역과 비교하여 구체적으로 나누어 보라.
한 가지 사역에 치중되어 있다면 다른 사역과 어떤 관계를 맺어야 할지 나눈다.
(균형 잡힌 사역의 중요성 강조.)

02 성경적인 평신도관

평신도는 교회 사역의 주체입니다.

나눔 • 당신이 교회 내에서 사역을 잘하고 있다고 생각한다면 추수하는 일꾼으로서

세상의 빛과 소금 역할을 어떻게 감당해야 할지 나눈다. (교회 내의 사역과 세상 사역의 균형을 조화시키는 나눔)

- 당신이 하나님이 택하신 백성이요, 왕 같은 제사장이라면 이러한 이름에 합당한 삶을 어떻게 살고 있는지 나누어 보라. 또한 내 주변 사람들은 나를 어떻게 평가하고 있는지 그들의 견해를 들어 보라. (자존감 성취를 위한 나눔.)

03 성경적인 은사관

은사들에 대해서는 로마서 12장 6-8절, 고린도전서 12장 8-11절, 에베소서 4장 11절에 기록되어 있습니다. 이 중 로마서에 기록된 일곱 가지 은사는 그리스도인의 실생활에서 쉽게 드러납니다.

나눔
- 당신이 받은 은사에는 어떤 것이 있는가?
- 현재 당신이 하고 있는 사역이 당신의 은사에 적합한지 확인하고, 아직 확실한 은사를 알지 못하고 있다면 어떻게 당신의 은사를 발견할 수 있을지 서로 나누어 보라.
- 어떤 사역을 함께하자는 제안을 받았을 때 망설인 경우가 있었다면 그 이유가 무엇인지 나눈다. (받은 은사대로 사역에 참여하게 한다. 사용하지 않아서 썩히지 않도록 한다.)

질문
나와 은사가 다른 성도를 비판한 적이 없는가? 은사의 차이를 어떻게 이해해야 하는가?

04 성경적인 훈련관

평신도들이 훈련을 받아야 할 영역에는 여러 가지가 있습니다.

질문
받은 은사가 사역을 통해서 열매를 맺기 위해서는 반드시 훈련이 필요하다. 당신의 은사를 활용하기 위해 어떤 훈련을 받고 있는가?

05 성경적인 세계관

나눔
- 당신의 사역 현장은 주로 어느 곳인가? (교회 안에서의 사역과 교회 밖의 직장이나 사회 속에서 하고 있는 사역에 대해서 서로 나눈다.)
- 주님이 당신에게 주신 약속의 말씀(행 1:8, "땅 끝까지 이르러 내 증인이 되리라") 이 삶의 현장에서 어떻게 적용되고 있는지 서로 나누라. 또한 당신의 땅 끝은 어디인지 나누라.

- 당신이 출석하는 교회에는 선교사를 돕는 정기적인 중보 기도와 구체적인 선교 전략이 있는가? 만약 없다면 교회가 세계 선교에 대한 비전을 갖도록 함께 기도하라.

질문
- 예수님은 훈련받은 제자들을 세상에 보내셨다. 당신도 지금까지 일대일 제자 훈련을 받았다. 이제 당신은 무엇을 해야 하는가?
- 전 세계가 하나의 지구촌으로 변화하는 이 시대에 예수님의 지상 명령에 순종해 열방(모든 민족)을 제자로 삼기 위해 당신은 어떤 결단을 하겠는가?

기도 계획표

"나는 너희를 위하여 기도하기를 쉬는 죄를 여호와 앞에 결단코 범하지 아니하고"(삼상 12:23).

날 짜	기도 제목	날 짜	응 답

날 짜	기 도 제 목	날 짜	응 답

날 짜	기도 제목	날 짜	응 답

날 짜	기도 제목	날 짜	응 답

날 짜	기도 제목	날 짜	응 답

두란노 양육 사역자 일대일 나눔 핸드북

지은이 | 두란노 편집부
펴낸날 | 2007. 5. 15.
개정 1쇄 | 2023. 3. 22.
    4쇄 | 2025. 2. 13.
등록번호 | 제3-203호
등록된 곳 | 서울특별시 용산구 서빙고로65길 38
발행처 | 사단법인 두란노서원
영업부 | 2078-3333   FAX | 080-749-3705
출판부 | 2078-3331

책값은 뒤표지에 있습니다.
ISBN 978-89-531-4380-7   03230

독자의 의견을 기다립니다.
tpress@duranno.com   www.duranno.com

두란노서원은 바울 사도가 3차 전도여행 때 에베소에서 성령 받은 제자들을 따로 세워 하나님의 말씀으로 양육
하던 장소입니다. 사도행전 19장 8-20절의 정신에 따라 첫째 목회자를 돕는 사역과 평신도를 훈련시키는 사역,
둘째 세계선교(TIM)와 문서선교(단행본잡지) 사역, 셋째 예수문화 및 경배와 찬양 사역, 그리고 가정·상담 사역 등을
감당하고 있습니다. 1980년 12월 22일에 창립된 두란노서원은 주님 오실 때까지 이 사역들을 계속할 것입니다.